天皇家の想い

心に寄り添う珠玉のお言葉

山下晋司　監修

天皇家の想い

心に寄り添う珠玉のお言葉

山下晋司　監修

はじめに

明治以降の近代皇室においては初めてとなる「譲位」がまもなく行われる。
平成30年12月、天皇陛下はお誕生日の記者会見で、こみ上げてくるものを懸命にこらえながら、次のように述べられた。

「天皇としての旅を終えようとしている今、私はこれまで、象徴としての私の立場を受け入れ、私を支え続けてくれた多くの国民に衷心より感謝するとともに、自らも国民の一人であった皇后が、私の人生の旅に加わり、60年という長い年月、皇室と国民の双方への献身を、真心を持って果たしてきたことを、心から労いたく思います」

戦後の新憲法下で初めて即位された天皇陛下は、抽象的な「象徴」のあり方を行動によって国民に示してこられた。そして、皇后陛下は常に陛下のお側で支え続けられてきた。その想いを受け継がれるのが、次の天皇、皇后となられる皇太子殿下と、雅子妃殿下である。皇太子殿下は平成30年6月、結婚25年に際しての文書回答で「社会の変化に応じた形で、それに対応した務めを考え、行動していくことも重要」と述べられている。ご両親の想いを受け継ぎつつ、雅子妃殿下と共に時代に即した「象徴」のあり方を模索されていくことだろう。

本書は、これまでの天皇陛下、皇后陛下、皇太子殿下、雅子妃殿下のお言葉を、記者会見等の記録から抜粋し、まとめたものだ。これらのお言葉を通じて、平成という時代を振り返りつつ、新たな時代へ思いを馳せるきっかけとなれば幸いである。

平成31年1月　山下晋司

目次

第二章　団らんのひととき

天皇陛下のお言葉

美智子さまのお言葉

皇太子さまのお言葉

第三章 国民と共に歩む

第四章 平和への願い

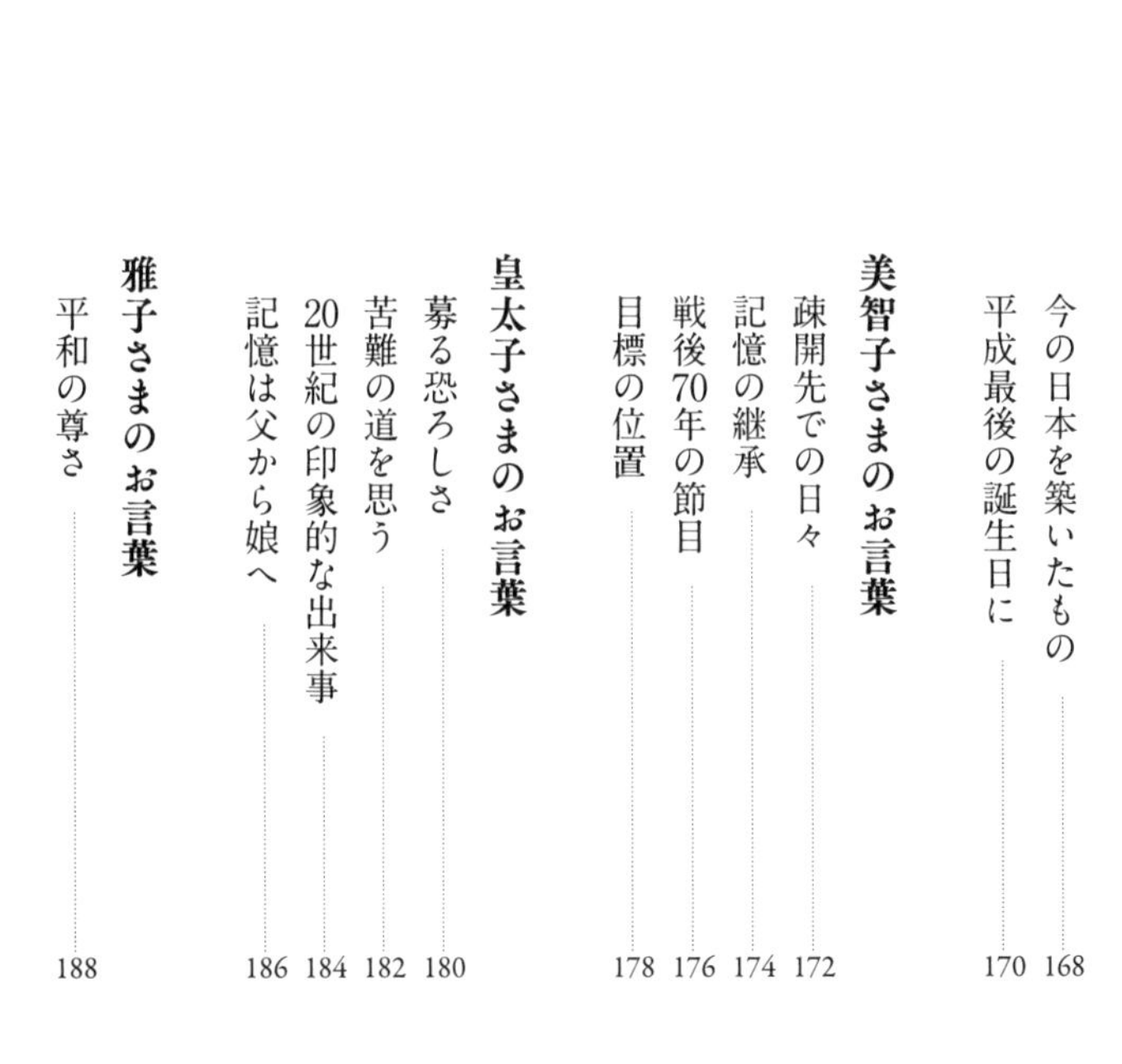

第五章　互いを思いやる気持ち

第一章 皇室のあり方

即位にあたっての決意

皆さんとともに日本国憲法を守り、
これに従って責務を果たすことを誓い、
国運の一層の進展と世界の平和、
人類福祉の増進を切に希望してやみません。

平成元年1月　即位後朝見の儀

昭和64年1月7日、昭和天皇の崩御により、天皇陛下は第125代の天皇として即位され、翌8日に元号も平成へと改元された。

このお言葉は、即位後初めて公式に国民の代表と会う「朝見の儀」においてのお言葉である。

天皇陛下は、まず昭和天皇について「御在位60有余年、ひたすら世界の平和と国民の幸福を祈念され、激動の時代にあって、常に国民とともに幾多の苦難を乗り越えられ」と語り、ご自身もいかなる時も国民とともに歩むという決意を示された。

この日以降30年間、天皇陛下は常に国民を思い、国民の幸福を願い続けてきた。

天皇と政治

明治以後、（これまでの天皇は）政治にかかわりを持たれたこともあったが、本来は政治から中立的で、それらを超えたものであり、今後もそうあらねばならないと思っています。

昭和47年12月　誕生日に際しての記者会見

記者より「天皇制に批判的な共産党が進出するなど政治情勢が変わりつつありますが」と質問された折のご回答。なお、記者会見当日より9日前の12月10日に行われた第33回衆議院議員総選挙では、日本共産党が38議席を獲得している。

このお言葉の前に「日本の皇室はヨーロッパなどの君主と違い、政治から離れているのでどうということはありません。天皇陛下（編注：昭和天皇）からもかねがね、これまで時の政府がどう変わろうと、（天皇家は）永続してきたところに意味があると聞かされています」と述べられている。

天皇のあり方についてのお考えがうかがえる、興味深いお言葉である。

迷いなき回答

（中学時代）バイニング先生に、
将来何になりたいかと聞かれた時に、
「私は天皇になります」
と答えたことを思い出します。

昭和62年9月　米国報道機関の特派員団への文書回答

米国ご訪問を前に、当時皇太子だった天皇陛下と美智子さまは米国の報道関係者17人と東宮御所で懇談された。このお言葉は、米国人記者からの、皇室に生まれなかったらどんな人生を送られたと思うかとの質問に対してのご回答の一部。

バイニング先生とは、少年時代の天皇陛下に、英語などを教えた米国出身の女性教師。彼女の平和主義や平等意識といった思想は、天皇陛下の人格形成に、大きな影響を与えたとされている。

なお、同じご回答の中で陛下は、「普通の日本人という経験がないので、何になりたいと考えたことは一度もありません」と、皇太子としてのお立場に微塵の迷いもないことを示された。

憲法に従って務めを果たす

憲法は、国の最高法規ですので、国民と共に憲法を守ることに努めていきたいと思っています。

平成元年8月　天皇陛下ご即位に際し

天皇陛下は、皇太子時代から繰り返し、憲法において天皇が「日本国の象徴であり日本国民統合の象徴」と規定されていることに言及している。また、そのご姿勢は一貫し、今日まで常に国民と共に歩まれ、国民のために尽くす日々を過ごされてきた。

即位後間もない平成元年1月9日の即位後朝見の儀において、「日本国憲法を守り、これに従って責務を果たすことを誓い、国運の一層の進展と世界の平和、人類福祉の増進を切に希望してやみません」と語られているが、同年のご即位に際しての記者会見においても、あらためて「天皇は憲法に従って務めを果たすという立場にある」と明言している。

国民のために尽くす皇室

長い天皇の歴史を振り返り、国民の幸せを念頭に置きながら自分を省みつつ、国や国民のために務めを果たしていきたいと思っています。

平成5年12月　誕生日に際しての記者会見

60歳のお誕生日を前にした記者会見で、平成の皇室について質問されてのご回答。

このお言葉に続き、「皇室全体としては和の精神をもって、お互いに助け合い、国や国民のために尽くす皇室であって欲しいと願っています」と述べられている。

同会見では、公務が多すぎるとの意見についての陛下のお考えも問われ、「私は公務の量が多いとは考えていません。公務は国や国民のために行うものであり、それが望ましいものである以上、一つ一つを大切に務めていきたい」と述べられた。陛下は皇太子時代から現在まで、常に国民を思い、膨大な公務を果たされてきたのである。

全身全霊で務めを果たすために

これからも皇室がどのような時にも国民と共にあり、相たずさえてこの国の未来を築いていけるよう、そして象徴天皇の務めが常に途切れることなく、安定的に続いていくことをひとえに念じ、ここに私の気持ちをお話しいたしました。

平成28年8月　象徴としてのお務めについての天皇陛下のおことば

平成28年8月8日、ビデオ映像による天皇陛下の「おことば」が発表された。その内容は、高齢による体力の低下を感じていることから、「全身全霊をもって象徴の務めを果たしていくことが、難しくなる」と案じているというもので、間接的に譲位の意思を示されるものであった。

天皇は、憲法上国政に関する権能を有しておらず、陛下が譲位について意向を示すことは憲法に抵触する可能性がある。そのため、このような遠回しな表現となっているのである。なお、この「おことば」の発表以降、譲位が具体的に議論され、平成31年4月30日の退位と、翌日新天皇即位および改元が決定された。

7

先帝の教え

30年にわたって、先帝陛下と皇太后陛下のお教えを受けて過ごすことができ幸せでございました。

平成元年8月　天皇陛下ご即位に際し

天皇陛下が即位された平成元年は、天皇皇后両陛下にとって、ご結婚30年の記念すべき年でもあった。昭和34年4月10日にご結婚されたお二人は、それ以降、お互いを支え合い、慈しみ合う日々をお過ごしになられた。記者会見でも、お二人の仲睦まじさはとても印象的で、とても素敵なものであった。

そんな両陛下のお手本は、昭和天皇と香淳皇后であった。戦後、皇室のあり様が大きく変わった後も、香淳皇后は昭和天皇を支え、同時に国民と親しむ努力を怠りなく続けられた。天皇と皇后が支え合うという麗しい伝統は、今後も皇室において続いていくのだろう。

伝統と新しい風

きっと、どの時代にも新しい風があり、また、どの時代の新しい風も、それに先立つ時代なしには生まれ得なかったのではないかと感じています。

平成6年10月　誕生日に際しての文書回答

還暦を迎える美智子さまが、これまでの60年を振り返ってのお言葉。

昭和9年にお生まれになった美智子さまは、戦時中は東京を離れて地方に疎開し、終戦は長野県の軽井沢で迎えている。

昭和32年、軽井沢会テニスコートで開催された大会で皇太子時代の天皇陛下と運命の出会いを果たし、34年にご結婚。その後は、陛下を献身的にお助けする日々の中、皇太子さまをはじめ三人のお子様を産み育て、昭和と平成の時代を過ごされた。目まぐるしく変転する時代の中で、美智子さまは歴代の天皇家の人々が築かれた歴史と伝統を、大切に受け継ぎ、そしてお守りになられているのである。

皇后の役割

明治の開国期に、激しい時代の変化の中で、
皇后としての役割をお果たしになった
昭憲皇太后のお上を思わずにはいられません。

平成14年10月　誕生日に際しての文書回答

皇室での皇后の役割の変化についての質問に、美智子さまは昭憲皇太后(明治天皇の皇后)が江戸時代から明治時代という大きな転換期を過ごされたご苦労について推察され、その後の貞明皇后(大正天皇の皇后)、香淳皇后(昭和天皇の皇后)もたくさんの新しい役割を果たしてこられたことから「先の時代を歩まれた皇后様方のお上を思いつつ、私にも時の変化に耐える力と、変化の中で判断を誤らぬ力が与えられるよう、いつも祈っています」と語られた。

同会見では、皇太子ご夫妻について、「二人して力を合わせ、自分たちの良い時代を築いていってくれることを信じ、見守っております」と、次の時代を背負うお二人への思いも語られている。

伝統と歴史の重さ

伝統と共に生きるということは、時に大変なことでもありますが、伝統があるために、国や社会や家が、どれだけ力強く、豊かになれているかということに気付かされることがあります。

平成21年4月　天皇皇后両陛下御結婚満50年に際して

神話の時代から連綿と歴史を重ねている天皇家は、初代神武天皇から今上天皇まで125代を数える歴史ある家系である。

神武天皇の即位元年は紀元前660年とされており、この年代については、歴史学的にはさまざまな議論があるようだが、日本に、『古事記』『日本書紀』が編纂された時代をはるかに遡る歴史が存在することは確実である。

日本は世界最古級の歴史を持つ国家であり、その伝統は日本の大きな財産である。皇室は日本の麗しい伝統であり、歴史そのものでもある。その伝統と歴史の重さが、美智子さまのこの言葉には込められているのだろう。

11

次代への期待

約30年にわたる、
陛下の「天皇」としての
お仕事への献身も、あと半年程で
一つの区切りの時を迎えます。

平成30年10月 誕生日に際しての文書回答

平成31年4月30日。天皇陛下が退位されると、30年間続いた平成という時代は幕を閉じることになる。

美智子さまはこの言葉に続けて、「これまで（陛下は）『全身』と『全霊』双方をもって務めにあたっていらっしゃいましたが、加齢とともに徐々に『全身』をもって、という部分が果たせなくなることをお感じになり、政府と国民にそのお気持ちをお伝えになりました。5月からは皇太子が、陛下のこれまでと変わらず、心を込めてお役を果たしていくことを確信しています」と言葉を綴られ、「残された日々を、静かに心豊かに過ごしていけるよう願っています」と締めくくられた。

皇族としての生活

本当にその事柄の深い意味とか、年月がたたないとわからないというのがございましたね。

昭和58年　誕生日に際しての記者会見

お誕生日に際しての記者会見で、記者より「結婚生活に慣れるのに、やはり10年くらいはかかりましたか？」との質問を受けての美智子さまのお言葉。翌年は両陛下の銀婚式（結婚25年）にあたることもあり、この記者会見では結婚生活についての質問が中心となった。

後段では、ご夫婦で外国訪問をされた時に、国内に残されるお子さま方についていろいろと考えられたことなどについて言及されている。

一般の家庭から皇室に入られた美智子さまにとって、皇族としての生活ははじめてのこと、慣れないことも多く、さまざまなことで戸惑い、手探りの日々であったのだろう。

13

必要な経験

陛下のお側でさせていただいた様々な公務は、私にとり、決して容易なものばかりではありませんでしたが、今振り返り、その一つ一つが私にとり必要な経験であったことが分かります。

平成16年　誕生日に際しての文書回答

この年、美智子さまは古希（70歳）を迎えられた。このお言葉は、生まれてからこれまでを振り返られてのもの。

美智子さまはこのお言葉に続けて、「陛下がお優しい中にも、時に厳しく導いてくださり、職員たちも様々な部署にあって、地味に、静かに、私を支え続けてくれました」と、天皇陛下と、さらには皇室を支えている宮内庁職員への感謝の思いを述べられた。

美智子さまは公務について触れられているが、この年は陛下と共に9府県33市町村を訪れ、休日も33日がお仕事と重なり返上されたほど、お忙しい日々を過ごされた。

14

『誡太子書』から学んだこと

（『誡太子書』の中で）花園天皇は、まず徳を積むことの必要性、その徳を積むためには学問をしなければならないということを説いておられるわけです。その言葉にも深い感銘を覚えます。

昭和57年3月　学習院大学大学院進学を控えて

皇太子さまは、昭和57年に学習院大学文学部史学科を卒業後、同大学大学院修士課程へと進学された。卒業論文は「中世瀬戸内海水運の一考察」というタイトルで、同論文は57年秋、交通史研究会の学会誌『交通史研究』に発表され、高い評価を得ている。

このお言葉は、歴代天皇の事績の中で、もっとも印象深いものは何かという質問を受けてのご回答。

『誡太子書』とは、花園天皇が皇太子にあてて、天皇としての心構えなどを書き記した訓戒状。同会見で皇太子さまは、「(歴代)天皇、それから皇室のことはこれからも勉強をして、今後の糧として行きたい」とも述べられている。

理想の天皇像

私自身としては、政治にかかわらないけれども、国民とともにあり、国民と苦楽をともにするという、そういう気持ちでもって物事に処していきたいと思っております。

昭和63年2月　誕生日に際しての記者会見

28歳になる皇太子さまが、一般的に結婚適齢期とされる年齢であることから、質問の多くが結婚に絡めてのものとなった。「お妃選びを富士登山に例えると」との質問に対して皇太子さまは、「七合目、八合目ぐらいといったところでしょうか」と、冗談で記者たちを笑わせた。

右のお言葉は、お妃選びの話題に続いて、皇室の役割と、理想の天皇像について質問を受けてのご回答。

昭和天皇、今上天皇のお姿を見て育った皇太子さまであるだけに、お二人の影響は強く、殿下もまた、「国の象徴・国民統合の象徴」としての天皇像を理想とされ、国民と寄り添う天皇を求めたいと述べられている。

16

自分らしさについて

常に、今、自分に与えられている職務に対して積極的に取り組んで、そして今の自分に一体何ができるかということを常に考えながら、日々を過ごしていきたいと思います。

平成11年2月　誕生日に際しての記者会見

平成11年は、天皇陛下のご即位10年の年であり、同時に、皇太子さまが皇太子となられて10年という節目の年であった。

右のお言葉は、「今後の公務に、自分らしさをどう反映するか」を問われてのご回答。

皇太子さまは、「国民と常に心を共にされている」天皇陛下のお気持ちを大切にしつつ、陛下をお助けしたいとのお考えを述べられた。

なお、この年の前年には長野五輪・長野パラリンピックがあり、皇太子さまはパラリンピックの名誉総裁を務められている。競技を観戦され、選手の活躍に深く感動した皇太子さまは、「(選手が)国民の多くの人々に夢と希望を与えました」と、その成果を称えられた。

新たな世紀を見据えて

（公務に取り組む上での視点について）

目まぐるしく変化の大きい今の時代を考えたとき、公務として、自分たちがするのに何が大切かということを見極めることです。

平成15年　皇太子同妃両殿下ご成婚10年に際しての文書回答

平成5年6月9日にご結婚されて以降、皇太子さまと雅子さまのお二人は、マスコミによる過剰な報道などを受けつつも着実に夫婦としての時間を重ね、平成13年12月1日には、長女となる愛子さまが誕生している。ご結婚10年となる平成15年までの10年間は、皇太子さまにとって、多少の波はあったものの、満足できる日々であったものと思われる。

このお言葉は、「公務に取り組む上での視点やテーマ」を質問されてのご回答。

皇太子さまは、未来の皇室のあり方を見据え、「時代の要請を的確に感じ取って若い世代の皇室にふさわしい活動」を目指し、若い人たちとの交流、諸外国との親善を大切にしていきたいと述べられた。

陛下を支える

天皇陛下としてなさるべきことを心から大切にお考えになっていらっしゃる陛下のお気持ちに沿って、私を含めて周囲がよく考えて差し上げる必要もあると思います。

平成21年2月　誕生日に際しての記者会見

前年である平成20年、天皇陛下は不整脈と胃腸の炎症などを患われた。このお言葉は、陛下の公務の負担軽減などについて意見を求められてのものので、「両陛下のご健康とご年齢とを考えて両陛下に過度のご負担がかからないようにとの考慮が重要であると思います」と、陛下を気遣うお言葉を述べられた上でのもの。

皇太子さまは、陛下のご不例に心を痛められ、ご健康を祈念すると同時に、「天皇陛下をお助けするという皇太子としての重要な務めをあらためて深く心に留めております」と、陛下を支え、お助けする立場としての強い思いと、覚悟を述べられた。

憲法について

今後とも、憲法を遵守する立場に立って、必要な助言を得ながら、事に当たっていくことが大切だと考えております。

平成26年2月　誕生日に際しての記者会見

オリンピック・パラリンピックが、２０２０年に東京で開催することが決定した。

東京五輪開催決定は、日本中が歓声で大いに沸いた明るいニュースであったが、招致活動に一部皇室が関わっていたことで、それが政治活動にあたるのではないかとの議論が発生した。

この件について天皇陛下は、「問題によっては、国政に関与するのかどうか、判断の難しい場合もあります」（平成25年12月 誕生日に際しての記者会見）と述べられたが、これに関連して、皇太子さまの考えを問われてのお言葉である。皇太子さまは、今上天皇がそうであるように、あくまでも憲法を遵守する立場であることをここであらためて述べられた。

20

皇室の一員として

苦しみ、悲しんでいる人々、恵まれない境遇に置かれている人々の痛みに心を寄せ、そのような人々の幸せを祈りつつ、その時々に皇族としてどのようなことができるのか考えていくことが大切。

平成7年12月　誕生日に際しての文書回答

ご結婚から2年半が経過し、「新しい環境に大きく戸惑うということも余りなく」と、皇室という特殊な環境にも慣れはじめた雅子さまのお言葉で、皇族としての心構えを語ったもの。

美智子さま同様、民間から皇室に嫁がれた雅子さまであったが、この頃には皇太子妃というお立場に対する自覚も生まれ、皇室の一員としての立ち居振る舞い、お考えも身に付けられたご様子であった。

雅子さまには、皇太子妃として皇太子さまをお助けすることと、国民に寄り添い、国民とともに歩まれることが求められるのだが、雅子さまはすでにそのお覚悟を持ち、研鑽されていたのである。

将来像を把握する

広く人々の幸せを祈りつつ、これからの日本や世界の人々にとって何が大切になってくるかという将来像を自分なりに把握するように努め、広い視野に立って世の中に関わっていくことを考えていかれればと思います。

平成15年6月　皇太子同妃両殿下ご成婚10年に際しての文書回答

皇族としての姿、公務に取り組む上での視点やテーマについての質問へのご回答。

このお言葉に続き、「皇太子様とよくご相談しながら、皇太子様にとっても少しでもお力になることができるよう、努めていきたいと思います」と、皇太子さまへの信頼と思いが語られ、愛子さまが生まれたことで、皇太子夫妻の絆も、より一層深いものとなったことがうかがえる。

同会見ではさらに、「皇太子様に点数を差し上げることは少々はばかられるような気もいたしますが、もし、満点というものがあるのでしたら、皇太子様は満点以上でいらっしゃることは確かではないでしょうか」とも語られた。

第二章 団らんのひととき

結婚の理由

ぼくは彼女を好きになって結婚するんです。

昭和34年4月　学習院同窓会でご学友の橋本明氏に（赤坂プリンスホテルにて）

昭和32年8月、天皇陛下と美智子さまは、軽井沢のテニスコートで運命的な出会いを果たし、ほどなくしてお二人は惹かれあった。そして昭和34年4月10日、世紀のロイヤルウェディングと呼ばれたお二人の婚儀が、皇居内賢所にて、無事執り行われた。

お言葉は、結婚を4日後に控えた4月6日、橋本明氏より「皇室の基礎固めのための結婚と評論する向きもありますが」との質問に応じてのもの。

陛下と美智子さまのご結婚は、明治以降初めての民間皇妃と話題となったが、陛下にとっては、美智子さまはあくまでも「好きになった女性」であり、その純粋な思いが、このお言葉からうかがえる。

23

20年を振り返って

(美智子が)いつも私のつとめを本当に大切に考えてやってきてくれたことが、私にとっても非常に気持ちよく過ごせるもとになったと思います。

昭和53年12月　誕生日に際しての記者会見

この会見では、20年の結婚生活を振り返られた陛下より、美智子さまへの感謝とねぎらいの言葉が続いたという。

また、18歳になられた浩宮さま（皇太子さま）について、「非常に充実して自分を磨いている時期」と、頼もしい青年に育っていることを喜ばれた。昭和天皇の健康状態も、「ここ何年間か、陛下は全然お歳を召したように思わない」と良好で、何一つ不安のない状態であった。

この時期の日本経済は好調で、外交面でも日中平和友好条約が締結されるなど、この年は実りのある充実した1年であったようで、会見は終始明るいものであったという。

家族との日々で得られたもの

やはり絶対にそれまで味わえなかった心の安らぎを得られたと思います。
子供達の成長は、自分自身を顧みる機会を作ってくれていると感じています。

昭和58年12月 誕生日に際しての記者会見

結婚25周年を前に、天皇陛下は結婚生活を「心の安らぎ」と振り返っている。

陛下は満3歳でご両親のもとから離れ、東宮仮御所で、養育係である傅育官により育てられ、美智子さまと結婚するまで、お一人で生活されていた。

美智子さまとの結婚でその〝家族のいない日々〟は一変し、初めて家族との日々を味わうことができたのである。浩宮さまが生まれると、陛下はこれまでの皇室の慣例を破って親子同居を決め、礼宮さま（秋篠宮さま）、紀宮さま（黒田清子さん）が生まれると、御所は明るく賑やかな、陛下の心を癒やす安息の場となった。美智子さまの存在は、陛下の生活を一変させたといえるだろう。

お世継ぎの成長

（皇太子が）成年に達して10年になり、その間皇族の務めを立派に果たしてきたことを大変うれしく思っています。

平成2年12月　誕生日に際しての記者会見

このお言葉は、翌年2月に予定されている皇太子さまの立太子礼について質問されてのもので、皇太子さまへの強い信頼が感じられる。

この会見の約1カ月前にあたる11月12日、天皇陛下の即位の礼が滞りなく執り行われた。昭和天皇の崩御以来、目まぐるしい日々を過ごされた陛下であったが、様々な即位関連の儀式も終わり、ようやく訪れた落ち着きの中、天皇陛下57歳の誕生日の会見が行われた。

陛下は、国民からの祝意に感謝を示され、同会見で美智子さまも、「全てのお儀式が終わり、ほっといたしました」と、素直なお気持ちを述べられた。

26

皇太子の結婚

結婚後、二人(皇太子ご夫妻)が幸せに過ごしている様子をうれしく思っています。国民の祝福を受けて結婚したことを、心にとどめ、今後の務めを果たしていくよう願っています。

平成5年12月　誕生日に際しての記者会見

この年は、天皇陛下にとって様々な出来事があった1年となった。4月には歴代天皇として初めて沖縄訪問を果たしている。6月には皇太子さまと雅子さまとのご結婚という慶事があったが、様々な心労が重なったためか、10月には美智子さまが倒れられ、言葉が出ない状態になってしまった。会見時点においても美智子さまはまだ快復されておらず、陛下も「深く心を痛めています」と述べられている。そんな折、皇太子ご夫妻が仲睦まじくされていることが、この頃の陛下にとっては、大きな救いとなっていたのだろう。そんな思いが伝わるお言葉である。

27

手元で育てることの喜び

私と皇后は、子供を手元で育てるという、前の時代には考えられなかった恵まれた機会を持つことができました。

平成11年12月　誕生日に際しての文書回答

平成11年は、11月にご即位十年に際しての記者会見を行っていることもあり、お誕生日に際しての記者会見は行われず、質問に対しての回答が文書によって発表されたのみとなった。

ここでのお言葉をはじめとして、天皇陛下は、さまざまな場で、常に美智子さまへの思いと感謝を述べられている。

陛下は子ども時代、慣例によりご両親と離れて暮らしており、少なからず寂しい思いをされていたのだろう。美智子さまとご結婚され、初めて味わう家族愛にあふれた生活は、陛下にとって、大切で幸福な日々となった。陛下にとって美智子さまは「家庭」の温かみをもたらした、太陽のような存在なのだろう。

28

4人目の孫

最近の悠仁の様子として目に浮かぶのは、私の近くでじっとこちらを見つめているときの顔です。

平成18年12月　誕生日に際しての記者会見

平成18年9月6日、秋篠宮家に、長男悠仁さまが誕生された。悠仁さまは、父である秋篠宮さまのご誕生以来、40年9か月振りに生まれた皇族男子であり、悠仁さまの誕生により皇統の危機が解消されたということもあり、日本中がこの慶事に湧きかえった。

悠仁さまが誕生された日、両陛下は北海道に滞在されていたが、無事のご誕生を電話で聞いた陛下は、大変な喜びであったという。

天皇誕生日に際しての記者会見では、秋篠宮妃紀子さまへのいたわりの言葉と共に、初めての男の子の孫である悠仁さまについて、目を細めてその喜びをお話しになられていた。

29

微笑ましい日常

皇太子妃の誕生日の夕食後、愛子が皇后と秋篠宮妃と相撲の双六で遊びましたが、とても楽しそうで生き生きとしていたことが印象に残っています。

平成18年12月　誕生日に際しての記者会見

この日の記者会見では、天皇陛下は男の子である悠仁さまについてだけではなく、眞子さま、佳子さま、愛子さまと、4人のお孫さん全員の名前を挙げて、孫4人が仲良く成長されている様を、嬉しそうに話された。

相撲の双六に興じている美智子さま、紀子さま、愛子さまと、お三方を嬉しそうに眺めておられる陛下の姿は、優しさと愛情に満ちた、理想の家庭の風景を我々国民に伝えてくれている。

このお言葉に続けて「ただ残念なことは、愛子は幼稚園生活を始めたばかりで、風邪をひくことも多く、私どもと会う機会が少ないことです」と、愛子さまへの気遣いと強い愛情が語られた。

金婚式に贈るもの

結婚50年に当たって贈るとすれば感謝状です。皇后はこの度も「努力賞がいい」としきりに言うのですが、これは今日まで続けてきた努力を嘉(よみ)しての感謝状です。

平成21年4月　天皇皇后両陛下御結婚満50年に際して

銀婚式である結婚25年の折、天皇陛下は「努力賞」を美智子さまに差し上げたいとお話しされたが、これをふまえて、金婚式となる50年では「感謝状」を贈りたいとお話しされた。
続けて「本当に50年間よく努力を続けてくれました。その間にはたくさんの悲しいことや辛いことがあったと思いますが、よく耐えてくれたと思います」と語り、さらに、婚約内定後に陛下が詠まれた歌を引用し、美智子さまにあらためて感謝の思いをお伝えになられた。

語らひを重ねゆきつつ気がつきぬ
われのこころに開きたる窓

31

魅力を感じたところ

とてもご誠実で、御立派で、心からご信頼申し上げ、ご尊敬申し上げていかれる方だというところに魅力を感じました。

昭和33年11月　結婚決定直後の記者会見

テニスコートでの出会いから始まった陛下と美智子さまのロマンスは、国民の憧れの的として注目を集めた。

皇室会議で結婚が決まった直後の記者会見での、記者からの「殿下のどういうところに魅力をお感じになっていらっしゃいますか」という質問に対する「とてもご誠実で、ご立派で」という美智子さまのお言葉は流行語にもなり、さらには美智子さまのファッションは「ミッチースタイル」と呼ばれ、多くの女性が憧れ、取り入れた。

戦前の、「天皇は現人神」という意識がまだ残っていた時代、美智子さまは皇室と庶民の懸け橋となり、その距離を大いに近づけた。

32

海外から帰ってきた長男

浩宮の人柄の中に、私でも習いたい
というような美しいものを見出しています。

昭和49年10月　誕生日に際しての記者会見

この年の8月、14歳の浩宮さま（皇太子さま）はオーストラリアに初めての海外旅行に出かけられている。この旅行でどんな成長があったかとの質問へのご回答。

美智子さまの目からは、海外旅行の経験を積んだ浩宮さまが大変頼もしく感じられたようで、「自信というと言葉が強すぎるかもしれないが、自信を持ち、自分の立場がわかったと思います。浩宮は本当に大きくなりました。もう私の手の中にいた頃とは違います」と、浩宮さまを手放しで褒められている。

将来、皇室を背負うことになる浩宮さまへの、美智子さまの絶大な信頼を感じることができるお言葉である。

33

陛下の〝点数〟

私ももし（天皇陛下に点数を）差し上げるとしたらお点ではなくて感謝状を。

昭和59年4月　結婚25年に際しての記者会見

結婚25年を迎えられての記者会見で、それぞれに点数をつけるとしたら何点になるかと記者に質問され、陛下は「点をつけるということはむずかしいけれども、まあ、努力賞というようなこと（笑）にしようかと思っています」とお答えになった。記者からあらためて、「妃殿下はいかがですか」と尋ねられての美智子さまのお言葉。

同会見で、一般の家庭から皇室に入ったことでの苦労について尋ねられると、「私にはこの結婚の経験しかないので（笑）、とくに苦労が多いのかどうか比べることができないのです」とユーモアを交えてお答えになり、会見場は温かい笑いに包まれた。

子どもたちの性格

年齢の割に若く見える、と浩宮が言ってくれた夜、「本当は年相応だからね」と礼宮が真顔で訂正に来た時のおかしさを忘れません。

平成17年　誕生日に際しての文書回答

天皇陛下が皇太子時代、美智子さまと陛下は東宮御所にお住まいになられていた。三人のお子様方に囲まれた賑やかだった当時を思い出してのお言葉。

このお言葉の前に美智子さまは、「浩宮は優しく、よく励ましの言葉をかけてくれました。礼宮は、繊細に心配りをしてくれる子どもでしたが、同時に私が真実を見誤ることのないよう、心配して見張っていたらしい節もあります」とお話しになられている。

浩宮さまと礼宮さまの性格の違いと、美智子さまへのそれぞれの愛情表現と接し方に、思わず微笑ましさを感じてしまう、ほのぼのとしたエピソードである。

温かな時間

小さな愛子が、自分より更に小さい悠仁の傍でそっと手にさわっていたりする姿を、本当に好もしく可愛く思います。

平成19年 誕生日に際しての文書回答

美智子さまのお言葉には、皇太子ご一家、秋篠宮ご一家の、ぬくもりのある明るい情景を描写されたものが少なくない。

皇太子ご夫妻、秋篠宮ご夫妻はもちろんのこと、4人のお孫さま方への情愛はとくに深く、中でも愛子さまと悠仁さまに関するお言葉には、祖母である美智子さまの、格別の優しさが感じられてならない。そこには、これからの皇室を背負うお二人への、万感の思いが込められているのだろう。

公務や宮中祭祀などでお忙しい美智子さまにとって、お孫さまとのふれあいは、何ものにも代えがたい癒やしの時間となっているのだろう。

36

理想の夫婦像

50年の道のりは、長く、時に険しくございましたが、陛下が日々真摯にとるべき道を求め、指し示してくださいましたので、今日までご一緒に歩いてくることができました。

平成21年4月　御結婚満50年に際しての記者会見

民間から皇室へと入られた美智子さまにとって、皇太子妃、そして皇后としての日々は、言葉では表現できないほどの大変さがあったものと思われる。戦前、皇太子妃は皇族か華族の家から選ばれることになっていた。美智子さまのように、民間女性が恋愛結婚で皇室に入るというのは初めてのことで、ご婚約の段階では、反対する人々も少なからずいたという。

献身的に陛下を支えられた美智子さまと、その愛を包み、守り抜かれた天皇陛下。お二人の愛は磨き抜かれ、円熟した夫婦として、理想の姿を国民に示している。

37

見守る存在

子供達を常に見守っていてあげられるのは、家庭が第一だと思うのです。

昭和46年　誕生日に際しての記者会見

昭和46年、美智子さまが37歳のお誕生日を迎えられた折の記者会見で、記者よりお子さま方への質問を受けてのお言葉。

このお言葉の前に、美智子さまは自分の幼少期のお話をされ、小中学校に通っていた時代、父・正田英三郎さんからは、勉強をするように強く言われたことはなく、黙って見守られているうちに、自然と自分から勉強をするようになったと語っている。

美智子さまはご自身が両親から勉強を強制されなかった経験から、同じようにお子さま方を信頼し、静かにじっと見守ることで、自主性を伸ばそうとしていたことが、このお言葉からうかがえる。

プロポーズの言葉

皇室に入られるということには
いろいろな不安や心配が
おありでしょうけれども、
雅子さんのことは
僕が一生全力でお守りしますから。

平成5年1月　婚約内定の記者会見

婚約内定の記者会見の際、雅子さまが披露されたもの。

皇太子さまと雅子さまの出会いは、昭和61年10月18日に東宮御所で行われた、スペインのエレナ王女を迎えてのパーティーであった。

その後、何度かの会食で顔を合わせたことで、皇太子さまに雅子さまへの好意が生まれ、平成4年10月、千葉県市川市の新浜鴨場において、雅子さまに「私と結婚していただけますか」と求婚。

しかし、雅子さまは皇室に入ることに不安を覚えていたため、なかなか決意ができなかったという。

翌11月、皇太子さまは誠意と真心のこもったこのお言葉を雅子さまに伝えて不安を払拭し、その心を見事に射止めたのである。

39

独身時代にやりたいこと

独身生活もそろそろ終わりに近づくと思うと、ある趣の感慨を覚えますけれども、この婚約内定の喜びははるかにそれを凌駕するものであります。

平成5年2月　誕生日に際しての記者会見

平成5年1月19日、皇室会議において、皇太子さまと雅子さまのご結婚が決定した。誕生日の記者会見ではあるが、婚約発表直後であるため、質問の多くが雅子さまとのご結婚に関係するものとなった。

このお言葉は、「独身の間にしておきたいこと」を問われてのもの。同会見で皇太子さまは、「非常に充実して、そして楽しく、そして有意義な独身生活を送ることができた」「独身時代にやっておきたいことは恐らくほぼやった」などと、満ち足りていた独身時代を振り返りつつも、これからの結婚生活にそれ以上の期待感を募らせていた。

40

新たな感動

地球上に人類が誕生してからこの方、絶える
こともなく受け継がれているこの命の営みの
流れの中に、今私たちが入ったということ、
そういうことに新たな感動を覚えました。

平成14年4月　愛子内親王殿下御誕生に際しての記者会見

皇太子さまと雅子さまとの間に愛子さまが誕生された際の、記者会見での殿下の感動のお言葉。

皇太子さまは愛子さま誕生を喜ばれ、「地球上」「人類」といった、ともすればおおげさに思われてしまう言葉を、てらいもなく使われている。その、殿下の親としての愛の深さに、驚きと感動、人としての器の大きさを感じざるを得ない。

なお、愛子さまのお名前、「敬宮愛子」の敬と愛という文字には、「孟子の言葉にあるように、人を敬い、人からも敬われ、人を愛し、人からも愛される」という思いが込められているのだという（平成14年2月の皇太子殿下お誕生日の記者会見より）。

41

両親の下で育てられて

私の父の陛下がお育ちになったときとは違いまして、私を手元でもって育ててくださいました。私はこのことを本当に有り難いと思い、心から感謝しております。

平成14年4月　愛子内親王殿下御誕生に際しての記者会見

天皇陛下と美智子さまは、それまでの皇室の慣習にとらわれることなく、お子さま方を手もとで育てられた。両親の愛を受けてお育ちになった皇太子さまは、愛情あふれる家庭生活を重視し、皇太子さまも天皇陛下がそうしたように、愛子さまと一緒に暮らし、家族での日々の生活をとても大切にされている。

皇太子さまは、天皇陛下の教育方針である「親子兄弟が一緒に住む」ということと、「教育を学校に任せる」という二点について、「両親の姿を、両親のやり方を見ながら育つことができたということは本当に有り難いことだった」と、心より感謝し、同じように愛子さまを育てられている。

42

長女を語る

愛子も両陛下にお会いするのをとても楽しみにしており、庭の花や畑でとれた野菜などをお持ちしたり、機会があるときにはかわいがっている犬のゆりをお目に掛けることを心待ちにしています。

平成22年2月　誕生日に際しての記者会見

愛子さまについて語られる皇太子さまのお顔は、これ以上はないというほど優しさに満ちあふれ、常に素敵な笑顔をされている。

このお言葉に続いて皇太子さまは、「誕生日の折などに両陛下から頂いた物もとても大切にしています。また、御所では、秋篠宮一家とも一緒になることもありますが、子ども同士でとても楽しそうに遊んでいます」と、愛子さまがご両親である皇太子ご夫妻だけではなく、天皇皇后両陛下、秋篠宮ご一家にも愛されていることを、とても嬉しそうにお話しされている。愛子さまの可愛らしさは皇族全員から愛され、皇室のアイドルのような存在となっている。

43

家族を愛する気持ち

愛子が生まれてからは、愛情をもって子どもを育て、安らぎのある温かくて明るい家庭を築くことを心掛け、三人で日々を過ごしてまいりました。

平成30年6月　皇太子同妃両殿下ご結婚満25年に際しての文書回答

皇太子さまが、雅子さまと愛子さまをこよなく愛されていることが、ひしひしと伝わる素敵なお言葉である。

皇太子さまは、体調のすぐれないこともある雅子さまを常にかばい、いたわり守り続けている。その姿は、プロポーズ後に雅子さまに伝えた「僕が一生全力でお守りします」という言葉の通りである。

皇太子さまは右の言葉に続けて「夫婦円満のために心掛けてきたことについて思いつくのは、相手を思いやり、相手の立場に立って物事を考えること、そして、お互いによく話し合い、また、大変な時にも、『笑い』を生活の中で忘れないように、ということだと思います」と語られた。

44

結婚の決め手

殿下の真摯なたいへん誠実なお言葉をいただいて、そういうお気持ちを私としてたいへん幸せに思うことができましたので、「私でできることでしたら、殿下のことを幸せにしてさし上げたい」というふうに思った次第です。

平成5年1月　婚約内定の記者会見

雅子さまは、外交官である小和田恆氏の長女として生まれ、ハーバード大学を卒業後、東京大学を経て外務省に入省。スペインのエレナ王女の歓迎レセプションで皇太子さまと出会い、平成4年にプロポーズを受けている。雅子さまに逡巡はあったものの、熟考した上でこれを受け、翌平成5年にご結婚されている。

皇太子さまの雅子さまへのアプローチは、昭和62年12月9日の、雅子さま24歳の誕生日に、花束が贈られた時期にまで遡ることができるだろう。

その後、皇太子さまは雅子さまへの思いを深め、「一生全力でお守りします」という言葉が雅子さまの不安を取り除き、お二人は結ばれた。

45

たしかな手で導く

皇太子様にはいつも私の側にいらして相談に乗ってくださり、私を励まし、支えてくださったことに、心からの感謝を申し上げたいと思います。

平成15年6月　皇太子同妃両殿下ご結婚10年に際しての文書回答

雅子さまが全幅の信頼を皇太子さまに寄せられていて、心から頼りとされていることがうかがえるお言葉である。

雅子さまは、愛子さまの育て方においても、「これまでもそうでしたが、これから皇室の中にあって、子どもを育てていく上で、私がいろいろと迷った時に、皇室の中でお育ちになった皇太子様が、良きお父様として、確かな手で導いてくださると信じられるからです」と、皇太子さまのお考えと判断を頼りとされている。

また、皇太子さまも愛子さまの育児には積極的なご様子で、「娘が生まれましてからは、本当に素晴らしいお父様ぶり」と述べられた。

待ち望んだ誕生

子供っていうのは、変な言い方ですけれども、本当に生きるために、そして、親に愛されるべくして生まれてくるんだということを強く感じました。

平成14年4月　愛子さまご誕生に際して

皇太子妃である雅子さまには、必然的にお世継ぎへの期待が集まった。婚約内定の記者会見で、皇太子さまはお子さまはとの質問に、「コウノトリのご機嫌にまかせてと申し上げておきましょう」と冗談で対応し、雅子さまも「殿下は大変音楽がお好きでいらっしゃるのですけれども、家族でオーケストラが作れるような子どもの数、ということはおっしゃらないで下さいというふうに申しました」と明るく答えていたが、愛子さまが誕生されるまで、世間は雅子さまに少なからずプレッシャーをかけ続けた。皇太子さまはこの圧力から雅子さまを守り続け、そしてようやく、待望の愛子さまが誕生されたのである。

47

家族の存在

私にとりまして家族とは、日々の楽しみを分かち合うことは元より、大変なことがある時には支え合い、また、うれしいことがある時には喜びを分かち合える、かけがえのない存在であると思います。

平成30年　皇太子同妃両殿下ご結婚満25年に際しての文書回答

銀婚式にあたる結婚25年を迎えての文書回答で、家族とはどのような存在かとの質問を受けてのお言葉。

ご結婚以来、雅子さまはマスコミによるバッシング、過剰報道、過剰取材を受け、さらには周囲からのお世継ぎを望むプレッシャーなどの影響もあり体調を崩され、療養生活を余儀なくされてきた。

しかし、近年はかなりお体も回復されたようで、一安心といったところである。

そんな、体調を崩されがちな雅子さまを常に支えたのは、皇太子さまである。このお言葉からは、雅子さまの皇太子さまへの感謝の思いが、しみじみと伝わってくる。

第三章 国民と共に歩む

空襲の爪痕

本当に可哀想だ。早く材木を運んで来て新しい家を造れないのか

昭和20年12月23日付朝日新聞記事

昭和16年に始まった太平洋戦争は次第に戦況が悪化し、首都東京にも、米軍による空襲が及びはじめた。

昭和19年5月、学習院初等科5年生に進級したばかりの陛下は、学童疎開で一時的に沼津へと移られた。その後、栃木県の日光へと疎開先を移され、陛下は終戦を、奥日光・湯本で迎えている。

終戦後の11月、ようやく東京に戻られた陛下は、空襲で焼け野原になった東京を見て、大きな衝撃を受けられたという。このお言葉は、東京に戻られた直後のもので、急造のバラック（トタン屋根の小屋）に暮らす人々を見て同情し、思わずこのように語られたのだという。

49

伊勢湾台風の惨状

一日も早く救援の手が十分行き届き、また精神的にも助け合い、励まし合って、被災者の皆さんが困難な中から再び立ち上がって、生きる光明を見出されることを心から祈っております。

昭和34年10月　伊勢湾台風の被災地を視察後、同行記者団に語った言葉

昭和34年9月21日に発生し、26日に和歌山県に上陸した伊勢湾台風は、和歌山県、奈良県、三重県、愛知県、岐阜県を中心に、死者・行方不明者合わせて5098名、負傷者3万8921名、被害家屋50万戸以上を数える未曽有の災害となった。

皇太子時代の天皇陛下は、10月4日に現地入りして各地を視察。翌5日、同行した記者団にこのように語り、被災者を励まされた。

陛下にとって初めての大規模災害地の視察・慰問であった。陛下はこれ以降、大きな災害が発生するたびに現地を訪れ被災者を慰めることになるのだが、その最初の災害が、この伊勢湾台風であった。

50

自然と発展の調和

日本人全般と同じで、日本人が忙しすぎる。日本人がもう少し暇を持つべきです。そうであれば、公害にも早く気が付いたと思います。

昭和47年8月 夏の定例会見

皇室と軽井沢の関係は深く、古くは明治天皇が巡幸の際に行在所とし、大正時代には、昭和天皇が避暑に訪れた。

美智子さまと天皇陛下の出会いが軽井沢であったことで同地は両陛下の思い出の地となり、軽井沢は天皇家の方々が毎夏のように訪れる縁深い避暑地となった。

魚類学者としての一面を持ち、自然科学に造詣の深い陛下は、自然保護や公害問題に強い関心を持ち、自然と発展の調和を、常に願い、言及した。

地方の存在

地方というものは非常に大事だと思いますね。中央だけでなくて、地方全体がそれぞれの立場で生きていく。それが日本として大事だと思います。

昭和55年8月　夏の定例会見

天皇陛下は皇太子時代より、地方にお出かけの際には、可能な限りその地の人々と触れ合い、交流を持たれている。

このお言葉は、昭和55年の軽井沢での定例会見で記者より、「国民との触れ合いというものを求めておられるようにお見受けしますが」と質問された折のご回答。

陛下はこのお言葉の通り、積極的に地方を訪れ、国民と触れ合い、いたわりや励ましのお言葉をかけられている。

陛下の励ましのお言葉に、これまでどれだけの国民の心が救われ、明日への糧としたことだろう。まさに、陛下は国民の支えとなっているのである。

52

被災地の人々

5500人を超す人々の命が失われ、多くの人々が長く苦労の多い避難生活に耐えねばなりませんでした。殊に高齢の被害者の気持ちはいかばかりであったかと察しています。

平成7年12月　誕生日に際しての記者会見

平成7年1月17日、阪神・淡路大震災が発生し、死者6000名以上（災害関連死を含む）、全壊・半壊家屋約24万9000棟という甚大な被害をもたらした。

1月31日に被災地に入られた両陛下は、寒風の中で視察し、避難所の体育館では、床に膝をつかれて被災者に励ましの言葉をかけられた。

お誕生日の会見で陛下は、哀悼の思いと共に、「被災者が互いに助け合い、冷静に事に対処している姿と、各地から訪れたボランティアが、懸命に被災者のために尽くしている姿に深く感銘を受け、我が国の将来を心強く思いました」と、被災地での人々の行動に感動し、称賛された。

助け合いの精神

高齢者や介護を必要とする人々のことを心に掛け、支えていこうという人々が多くなってきているように感じられ、心強く思っています。

平成21年11月6日　天皇陛下ご即位20年に際し

天皇陛下のご即位20年に際しての記者会見では、皇室のあり方や、日本の経済の問題、高齢化についてなど、内外の記者から様々な質問が寄せられた。陛下は、質問へのご回答の中で、高齢化の進行と厳しい経済事情を案じつつも、支えていこうという人々が増えていることを喜び、「皆が支え合う社会が築かれていくことを願っています」と語られた。

陛下は常に弱者を励まし、いたわりのお言葉をかけられる。同時に、国民がお互いに助け合い・支え合いの中で様々な問題を乗り越えると信じ、そして希望されているのである。

困難に立ち向かう連帯感

被災者が様々な悲しみや苦しみを抱えつつも、決して取り乱すことなく、強い連帯感を持ち、互いに助け合って困難を乗り越えようとしていることが感じられ、そのことを非常に心強く思いました。

平成23年12月　誕生日に際してのご感想

東日本大震災は、死者1万5000名以上、行方不明者2500名以上を数える、戦後最大の自然災害となった。

被害が拡大したのは、地震の揺れに加え、巨大な津波と、原発の事故が発生したためで、その影響はこれからも続き、復興のための努力は、当分必要になるものと思われる。

しかし、陛下のお言葉にあるように、震災は大きな困難ではあるが、被災者や他の国民が助け合い、その困難を乗り越えようと努力している姿は、未来への希望となっている。私たち国民も震災を忘れることなく、陛下と共に被災者に寄り添い、支えていかなくてはならないだろう。

55

福祉と皇室の歴史

福祉への関心は、皇室の歴史に古くから見られ、私どもも過去に多くを学びつつ、新しい時代の要求にこたえるべく努めてまいりました。

平成11年11月　天皇陛下ご即位10年に際し

福祉問題、被災地・被災者へのお見舞いなどについての質問を受けてのご回答。

日本列島は、地震、噴火、台風、大雨など、災害のとても多い環境であるが、古代から互助の精神を発揮し、人々は助け合うことでそれらを乗り越えてきた歴史を持つ。

福祉、弱者救済と皇室の歴史も深く、すでに聖徳太子の時代には、悲田院という病人や身寄りのない人々を受け入れる施設を運営していたという。聖武天皇の皇后、光明皇后が、貧者や病人を介護し、自ら病気に苦しむ人々の体を洗ったという話もある。

弱者を助ける皇室の伝統は、今も脈々と息づいているのである。

56

被災地の冬を案じて

災害のおこった時、例えばたゆまず続けられて来た火山観測のような地味な仕事が、どれだけ大事の際に意味をもつかに気付かされます。

平成12年10月　誕生日に際しての文書回答

平成12年は、有珠山の噴火、神津島・新島等の地震、三宅島雄山の噴火、東海地方の豪雨、鳥取県西部地震等、災害が頻発した。

中でも、8月に発生した三宅島の噴火では、島民全員が島外避難を行い、この時点では、まだ島への帰還はできない状況が続いていた。

美智子さまは避難している島民に対し、「全島民の避難は暑い盛りの頃でした。これからの寒さが案じられ、どうか皆健康であってほしいと念じています」と、寒い冬への心配を語られている。また、科学技術、研究の大切さについてのお言葉から、防災への、美智子さまの、強く熱い思いが感じられる。

復興した姿を目にして

復興を讃(たた)えるとともに、ここまでの道のりで、どれ程に人々が忍耐を重ね、悲しみや苦しみを越えて来たかを思い、胸がつまる思いでした。

平成13年10月　誕生日に際しての文書回答

阪神・淡路大震災から6年後となるこの年、両陛下は被災地を訪問し、その復興の進み具合を確認しつつ、被災者の方々を見舞われた。

両陛下は震災直後にも現地を訪問され、倒壊したビルや高速道路、焦土と化した街並みを目にされている。6年後の、復興が進んだ被災地の見違えるような姿と活気に、美智子さまは大きな感動を覚え、その背後にある努力と苦労、悲しみを感じ取りつつ、万感の思いで「胸がつまる思い」と表現されている。

また、米国での同時多発テロや、前年の三宅島や有珠山の噴火により、いまだ避難を続けている人々への思いも述べられている。

常に国民と共に

人の一生と同じく、国の歴史にも喜びの時、苦しみの時があり、そのいずれの時にも国民と共にあることが、陛下の御旨(みむね)であると思います。

平成7年10月 誕生日に際しての文書回答

平成7年は、阪神・淡路大震災やオウム真理教によるサリン事件など、大きな災害・事件があった一年となった。

この年、両陛下は戦後50年にあたり、戦争被害の大きかった沖縄、広島、長崎、東京の4地域に慰霊の行幸啓を行っている。

美智子さまはこのお言葉に続き、「陛下が、こうした起伏のある国の過去と現在をお身に負われ、象徴としての日々を生きていらっしゃること、その日々の中で、絶えずご自身のあり方を顧みられつつ、国民の叡智がよき判断を下し、国民の意志がよきことを志向するよう祈り続けていらっしゃる」と、皇室の存在意義、役割について述べられた。

59

療養所での語らい

時じくのゆうなの蕾活(い)けられて
南静園の昼の穏(おだ)しさ

平成16年　ハンセン病療養所「宮古南静園」訪問に際して詠まれた歌

この歌は、沖縄の宮古島で、ハンセン病療養所「南静園」を訪問された折のもの。

美智子さまは腰をかがめて入所者との語らいを楽しまれたが、この時、まだ季節には早いゆうなの花の蕾が一つ飾られていた。

これは、以前、沖縄本島にある別の療養所を両陛下が訪れた時、美智子さまがゆうなの花を歌に詠まれたことがあり、それを知っていた療養所の方が、両陛下をお迎えするため、もてなしの心で蕾を飾ったものと思われる。

この歌には、その情景が詠みこまれている。なお、両陛下は国内に14カ所あるすべてのハンセン病療養所の入所者とお会いになっている。

「問題」だけなのか

高齢化が常に「問題」としてのみ取り扱われることは少し残念に思います。

平成21年11月　天皇陛下ご即位20年に際しての記者会見

定義はいくつかあるが、一般的に65歳以上の老年人口が7％を超えると「高齢化社会」、14％を超えると「高齢社会」、21％以上で「超高齢化社会」と呼ぶのだという。

日本では、昭和45年にはすでに高齢化社会に入り、平成7年には高齢社会、平成29年では高齢化率27・7％で、超高齢化社会に突入しているということになる。

平成21年当時、高齢化が社会問題として注目を集めていたが、美智子さまはこれを「残念」と評され、「本来日本では還暦、古希など、その年ごとにこれを祝い」と、むしろ高齢化を寿ぐ（ことほぐ）、今後の日本の指標となりうる美しい価値観を述べられた。

61

少女の手紙

「生きてるといいねママ
お元気ですか」
文(ふみ)に項傾(うなかぶ)し幼な児眠る

平成23年　東日本大震災で被災した少女の手紙に心打たれて詠まれた御歌

東日本大震災では、2万名近い数の死者・行方不明者を出し、2018年3月現在で、まだ2539名の行方が確認できていない。たった一度の地震によりとてつもない数の人命が失われたことになるのだが、そのそれぞれが悲劇であり、そのそれぞれに別れの物語が存在する。

この歌は、東日本大震災に伴う津波に両親と妹をさらわれた4歳の少女が、母に宛てて手紙を書きながら、その上にうつぶして寝入ってしまっている写真を新聞紙上でご覧になり、そのいじらしさに打たれて詠まれた御歌だという。なお、少女の記した原文は、「ままへ。いきてるといいねおげんきですか」である。

62

自身を立ち直らせたもの

災害発生直後、一時味わった深い絶望感から、少しずつでも私を立ち直らせたものがあったとすれば、それはあの日以来、次第に誰の目にも見えて来た、人々の健気で沈着な振る舞いでした。

平成23年10月　誕生日に際しての文書回答

戦後最大の被害を出した東日本大震災。被災地では、たった一日で、それまでそこに当たり前にあった人々の穏やかな生活は、消滅した。震災直後、現地で被害状況を直接目にした人の多くはショックを受け、心に大きな傷を負ったことと思われる。

美智子さまも、しばらくは絶望感に苛まれてしまったと伝えられている。しかし、強いお心を持ち、美智子さまは繰り返し被災地・避難所を慰問のため訪れられた。両陛下のお姿、床に膝をついてお話しされる優しさ、そしていたわりのお言葉に、どれだけの被災者の心が救われたであろうか。両陛下のお姿に、被災者は明日への希望を見出した。

63

深刻な水害

道々目にした土砂で埋まった田畑、とりわけ実りの後に水漬(みづ)いた稲の姿は傷ましく、農家の人々の落胆はいかばかりかと察しています。

平成27年10月　誕生日に際しての文書回答

地球温暖化の影響か、近年の日本では、豪雨による災害が増加傾向にある。平成27年9月9日、東海地方に上陸した台風18号の影響で、関東から東北にかけて記録的な大雨となり、茨城県常総市をはじめとして広い範囲で水害が発生した。

この年、81歳になられた美智子さまは、動脈硬化による胸痛の症状など、体調不良もあったが、常総市を慰問に訪れ、被災した人々を励まされた。稲穂の実る季節の広域水害に心を痛められ、このようなお言葉となった。

日本の土地の美しさ

今年は国内各地への旅も、もしかすると、これが公的に陛下にお供してこれらの府県を訪れる最後の機会かもしれないと思うと、感慨もひとしお深く、いつにも増して日本のそれぞれの土地の美しさを深く感じつつ、旅をいたしました。

平成29年10月　誕生日に際しての文書回答

平成29年6月9日、いわゆる退位特例法が成立し、天皇陛下は3年以内に退位されることが決定した。美智子さまも安堵の想いを抱かれたのか、この年のお言葉には、例年以上の穏やかさが感じられる。

日本には、災害のない年というものはないのだが、この年の糸魚川での大火災では、危機対応が功を奏したのか死者はなく、美智子さまもこれを喜び、「各時代を生き抜いてきた人々の知恵と経験の蓄積」と、褒められた。国民に寄り添い、国民の安寧を願う美智子さまにとって、不幸中の幸いともいえるこの結果に、救いと未来への光明を感じられたように思われる。

公務を短縮してでも

中東を訪問している最中もやはり、ひとときもこの神戸の被災地で亡くなられた方々、そして苦しい生活を送っておられる方々のことは頭を離れることはありませんでした。

平成7年2月　誕生日に際しての記者会見

平成7年1月17日、阪神・淡路大震災が発生。未曽有の被害を出した。皇太子さまは、震災直後の1月20日から中東に親善訪問のため出かけられている。それまでに湾岸情勢の影響で2度延期されたこともあり、政府は中東訪問を実施。出発前、皇太子さまは「しのびない」とお気持ちを述べられていた。

しかし、先方国の配慮もあり日程は短縮され、28日に帰国。その後皇太子さまは現地を訪問し、被災者を見舞われている。

66

皆が希望を持てる社会

お年寄りが明るく生きることができて、また、青少年にも希望を持って日々を送ることができる社会の実現が望まれます。

平成13年2月　誕生日に際しての記者会見

日本社会の高齢化や経済の問題などについて問われてのご回答。

平成13年は西暦では２００１年にあたり、21世紀の幕開けという記念すべき年であった。

記者会見では、皇太子さまはまず20世紀を振り返り、戦争や紛争の悲惨さ、工業化した社会や技術の進歩の功罪などについて語られた。

そのうえで、皇室として大切なことは、「国民と心を共にし苦楽を共にすることだと思います。これは時代を超えて受け継がれてきているもの」であり、そのためには「国民との接点を広く持つことが大切になってくる」とお話しされた。

幼い命を取り巻く環境

幼児を取り巻く環境がより良いものとなるよう、子供たちが温かく見守られ、安心して暮らせる、平和な世の中が実現することを願わずにはいられません。

平成14年2月　誕生日に際しての記者会見

前年の12月1日、皇太子さまと雅子さまの長女、愛子さまがご誕生。

愛子さまご誕生からまだ日も浅い2月の記者会見で皇太子さまは、「生まれた子供の元気そうな様子を見て、初めてそれを実感したように思います。それとともに、この子供を今後大切に育て、守っていくことの責任を強く感じています」と、喜びを語られた。それに続けてお話しされたのが、右のお言葉である。

愛子さまが誕生し、父親となられた皇太子さまが、あらためて子どもたちを取り巻く環境、「幼児の虐待」などの問題を注視されるようになり、その結果、これまでより強く感じられた思いを述べられたものであろう。

68

子どもにとっての幸せ

制度的に母親の負担を軽くするようないろいろな試みがあるようですけれども、それが子供にとっても幸せなものとなることを願っております。

平成15年2月　誕生日に際しての記者会見

平成13年に愛子さまが誕生されると、皇太子さまは「子供をお風呂に入れたり、散歩に連れて行ったり、あるいは、離乳食をあげることなどを通じて子供との一体感を強く感じます」と、子育てに積極的に参加しておられる。

そのご経験から母親の負担を具体的に感じ、このようなお言葉となったのだろう。なお、父親の育児参加について、「父親もできるだけ育児に参加することは、母親の育児の負担を軽くすることのみならず、子供との触れ合いを深める」とも述べておられる。

親の立場を経験し、殿下の慈愛が一段と深いものへと昇華されたように感じられる、優しさあふれるお言葉である。

69

50歳を迎えて

「忠恕」と「天命を知る」という教えに基づいて、他人への思いやりの心を持ちながら、世の中のため、あるいは人のために私としてできることをやっていきたいと改めて思っております。

平成22年2月　誕生日に際しての記者会見

皇太子さまが、『論語』に書かれた「天命を知る」年齢である50歳を迎えてのお言葉。

皇太子さまはまず、「『天命を知る』という孔子の言葉は、自分がこの世に生まれた使命を知るという意味ですが、単に知るだけではなく、この世のためにいかす、つまり、人のために尽くすという意味を含んでいるように思います」と述べられた。さらに天皇陛下の、「『忠恕』とは、自分自身の誠実さとそこから来る他人への思いやりのことで」とのお言葉を添えて、この言葉に基づいて日々を送りたいと語られた。

この「忠恕」と「天命を知る」という言葉は、皇太子さまの生き方において、軸のような存在となっているのだろう。

70

被災者と同じ目の高さで

仮設住宅での暮らしの中で、住民の方々が自治会などの組織を作り、力を合わせ、困難を乗り越えながら前に進んでいこうとされる姿に感銘を受けたことを思い出します。

平成24年2月　誕生日に際しての記者会見

平成23年3月11日に発生した東日本大震災による被害は甚大で、国民全員が何らかの形で被害を受け、また影響を受けた、とてつもない規模の災害であった。

皇太子さまは、被災状況の視察に現地を訪れ、さらには日本各地の避難所をお見舞いして被災者を勇気づけられた。

宮城県、福島県、岩手県に雅子さまと共に訪問され、天皇皇后両陛下がいつもそうされているように、皇太子さまも雅子さまも体育館の床に膝をつき、被災者と同じ目の高さでお話をし、励ました。

未曽有の国難に対し、国民と共に歩む皇太子さまのお姿に、被災した多くの人々は勇気と明日への希望を感じていた。

71

被災地を目にして

今でも、（被災地や避難所で）お会いした方々一人一人のお顔や伺ったお話がよく思い出され、被災地で苦労しておられる大勢の皆さんのことを思わない日はありません。

平成23年12月　誕生日に際しての文書回答

平成23年に発生した東日本大震災では、地震の揺れや津波の被害だけではなく、原発事故による放射能汚染もあり、避難者数はピーク時で47万人を数え、平成30年10月現在でも5万6000名が全国各地で避難生活を送っている。

天皇陛下をはじめ皇族の方々は被災者の慰問を行い、雅子さまも皇太子さまと共に各地の避難所に足を運ばれ、被災者を見舞われた。

両陛下に比べると、皇太子ご夫妻はより親しみやすいのか会話もはずみ、時には笑いも起き、被災者の心を慰めた。このお言葉には、訪問先での国民との親しい触れ合いを大切にする雅子さまの思いが込められている。

未来への希望

ふるさとの復興願ひて語りあふ
若人たちのまなざしは澄む

平成28年1月　歌会始

毎年1月に行われる歌会始の儀では、天皇陛下をはじめとして皇族の方々、一般から応募して選ばれた人などの歌が披露され、新年の宮中行事として多くの国民に楽しまれている。

この歌は、平成27年に皇太子ご夫妻が福島県に復興状況のご視察のために訪れた時のことを詠まれたもの。

その折、地域の復興を支え、社会に貢献する若者を育てることを目指して創立された福島県立ふたば未来学園高等学校を視察された雅子さまは、グループ学習の様子を御覧になり、生徒たちと親しくお話をされた。その時の生徒たちの真摯で清々しい眼差しの印象が伝わる、未来への希望が感じられる歌である。

永く思いを寄せる

これから先、復興が一歩一歩着実に進み、被災された方々に安心できる暮らしが一日も早く戻りますよう心から願いつつ、被災地の今後に永く心を寄せていきたいと思います。

平成30年6月　皇太子同妃両殿下ご結婚満25年に際しての文書回答

皇太子さまが即位されると同時に、雅子さまは皇后となられる。このお言葉は、新皇后としての決意を問われてのもので、雅子さまは「両陛下がこれまで大切になさっていらっしゃいましたことを常に心に留めながら、今後とも、広く人々の幸せを祈っていきたい」とも述べられている。

復興が少しずつ進むにつれ、ともすれば時とともに災害への思いも薄くなってしまいがちであるが、雅子さまは「困難な状況に置かれている方々の悲しみや苦しみ」に、永く思いを寄せていきたいと、強い思いを述べられている。

皇后になられる雅子さまの、決意と慈愛の心を感じられるお言葉である。

第四章 平和への願い

沖縄を思う

沖縄の歴史は心の痛む歴史であり、日本人全体がそれを直視していくことが大事です。避けてはいけない。

昭和50年12月　誕生日に際しての記者会見

昭和50年7月17日、皇太子時代の天皇陛下は美智子さまとともに、沖縄国際海洋博覧会ご出席のため、初めて沖縄を訪問された。

沖縄では、火炎瓶を投げつけられるなど、左翼系の過激派による二度のテロ行為に遭遇しているが、幸いなことに、関係者を含め、大きな怪我はなかった。

同年のお誕生日の記者会見では沖縄についての話題が中心となり、陛下は沖縄の歴史と文化について熱心に語られた。同時に「私達は（沖縄について）あまり学んできたとはいえない」と反省され、学校教育の場で、もっと沖縄についてとりあげるべきであるとのお考えを述べられている。

75

記憶しなければならない日

日本では、どうしても記憶しなければならないことが4つあると思います。(終戦記念日と)昨日の広島の原爆(記念日)、それから明後日の長崎の原爆の日、そして6月23日の沖縄の戦いの終結の日。

昭和56年8月　夏の定例記者会見

記者より、終戦記念日にどんな感慨を持つかとの質問を受けてのお言葉。

戦時中は小学生であった陛下は、空襲による被害も戦後の苦難の時代も目にしているためであろうか、様々な場面で平和の大切さと不戦の思いを語られている。

特に、多くの人が犠牲となった二度の原爆と沖縄戦には強い思いがあり、終戦の日と共に、「この日には黙禱を捧げて（中略）平和のありがたさというものをかみしめ、また平和を守っていきたいものと思っています。そしてこれは子供達にも、ぜひ伝えていかなければならないことだと思っております」と語られた。

76

歴史を理解する努力

過去の歴史をその後の時代とともに正しく理解しようと努めることは日本人自身にとって、また日本人が世界の人々と交わっていく上にも極めて大切なことと思います。

平成17年12月　誕生日に際しての記者会見

戦後60年にあたり、戦没者への慰霊についてのお考えを質問されてのお言葉。

天皇陛下がお生まれになった昭和8年、すでに日本は大陸で中国軍と交戦を始めており、これ以降終戦まで、日本には平和な時はなかった。

幼少期のほとんどを戦時下で過ごされた陛下にとって、平和は何よりも尊いものであり、戦争は忌むべきものであった。そんな思いがにじみ出た、大変に強い思いのこもったお言葉である。

なお、この年の6月、天皇皇后両陛下は、太平洋戦争の激戦地であるサイパン島をご訪問され、先の戦争で命を失ったすべての人々を追悼されている。

今の日本を築いたもの

戦後、連合国軍の占領下にあった日本は、平和と民主主義を、守るべき大切なものとして、日本国憲法を作り、様々な改革を行って、今日の日本を築きました。

平成25年12月　誕生日に際しての記者会見

平成25年は、天皇陛下が満80歳の傘寿をお迎えになった年であり、平成の時代に入って四半世紀という、一つの節目の年でもある。

この会見で陛下は、戦争で荒廃した国土を立て直した先人への感謝の思いを語られた。さらには、震災のような災害に対して、「人と人との絆を大切にし、冷静に事に対処し、復興に向かって尽力する人々が育っている」ことを、心強く思っていると述べられた。

同会見で陛下は、美智子さまを伴侶とされたことに「寄り添ってくれたことに安らぎを覚え、これまで天皇の役割を果たそうと努力できたことを幸せだったと思っています」と語られた。

平成最後の誕生日に

平成が戦争のない時代として終わろうとしていることに、心から安堵しています。

平成30年12月　誕生日に際しての記者会見

翌年に譲位が決定している陛下にとって、平成30年の誕生日は、天皇として迎える最後の誕生日である。

陛下にとって、平和とは何物にも代えがたいもっとも大切な価値であったと思われる。平成という時代に日本が戦争に巻き込まれることがなかったことは、陛下の誇りであり、この言葉を表明することで、次の時代も平和が続くことを願ったものと思われる。

なお、陛下は「譲位」という言葉を用いておられるが、政府は「退位」「即位」という語を用いている。これは、譲位とすると陛下の意思で皇位を譲ったことになるからだが、実質的には譲位である。

疎開先での日々

疎開先で過ごした戦争末期の日々のことは、とりわけ深い印象として心に残っています。

平成6年10月　誕生日に際しての文書回答

還暦を迎えられた美智子さまが、これまでの60年間の人生を振り返ってのお言葉。

続けて、「戦後の社会を担った私共の先人が、戦争で失われた人々の志も共に抱いて働いた中で、奇蹟といわれる日本の戦後の復興があり得たのではないかと考えています」と述べられた上で、陛下との結婚後の生活、3人のお子さま方との日々について触れ、「この日に至れたことを感謝し、陛下のお側で、また明日からの務めを果たしていきたいと思います」と感謝の思いで締めくくられた。

我々国民も、先人たちの苦労と努力があってこその現在の平和であることを、忘れてはならないだろう。

記憶の継承

戦争をより深く体験した年上の方々が次第に少なくなられるにつれ、続く私どもの世代が、戦争と平和につき、更に考えを深めていかなければいけないとの思いを深くしています。

平成17年10月　誕生日に際しての文書回答

このお言葉は、「戦争の記憶とどのように向き合い、継承していきたいとお考えですか」という質問へのご回答。

戦後60年となる平成17年、両陛下は激戦地であったサイパンを訪問し、「バンザイ・クリフ」などで黙禱を捧げられている。

戦前戦中、サイパンには日本軍司令部が置かれ、南洋の拠点とされていた。当時、サイパン陥落は大きく報道され、美智子さまにとっても、「サイパンが落ちた時の、周囲の大人たちの動揺は今も記憶にあり」と、記憶に残る出来事であったようだ。そんな美智子さまの、体験に裏打ちされた平和への思いが、強く感じられるお言葉である。

戦後70年の節目

この世に悲しみを負って
生きている人がどれ程多く、
その人たちにとり、死者は別れた後も
長く共に生きる人々であることを、
改めて深く考えさせられた1年でした。

平成27年　誕生日に際しての文書回答

平成27年は戦後70年という節目の年にあたり、両陛下は太平洋戦争で激戦地となった、南太平洋のパラオ諸島を慰霊のため訪問されている。

かねてより天皇陛下は、1万余の将兵が命を落としたペリリュー島への御訪問を希望されていたが、この年ようやく実現し、美智子さまとともに、日米の戦死者の霊に祈りを捧げられた。

同年の「平成27年9月関東・東北豪雨」では、茨城県常総市で鬼怒川が決壊したのをはじめ、関東・東北各地で水害が発生しているが、美智子さまはこの水害や東日本大震災に触れた上で、命の大切さと人の悲しみについて、このように語られた。

目標の位置

平和は、常に希求されながら、常に遠い目標にとどまるものなのでしょうか。

平成7年8月　国際大学婦人連盟第25回国際会議開会式

国際大学婦人連盟とは、女性の生涯にわたる教育、国際協力と平和、女性の地位向上、女性の活躍などを目指して活動している国際非営利・非政府団体で、世界61カ国の大学卒業女性によって運営されている。本部はジュネーブに置かれ、日本では昭和49年と平成7年に総会が開催されている。

このお言葉は、平成7年に横浜で開催された総会での、美智子さまのご挨拶の一部。

戦後50年目の節目となるこの年まで、世界大戦規模の戦争がなかったことを喜びつつも、いまだに地域紛争が絶えないことに触れ、平和を求めることの大切さを、このように語られた。

83

募る恐ろしさ

ぼく自身も本当に戦争を知らない世代になるわけですが、戦争の恐ろしさというのは見聞きするごとに募るものがありますし、平和を希求する気持ちで一杯になります。

昭和62年3月　ネパール、ブータン、インド訪問を前にしての記者会見

昭和62年2月3日、昭和天皇の弟宮である高松宮さまが薨去され、各種マスコミは高松宮さまについての特集を組み、皇室と戦争の関係についても、話題とされた。なお、高松宮さまは戦時中、軍人であったが、対米開戦には反対の立場をとり、戦時中も和平を唱えた平和主義者であった。

皇室と戦争について皇太子さまは、昭和天皇も天皇陛下も、他の皇族方も、「心の底に平和を願う気持ちがある」ことは常に感じると語り、続けて右のお言葉を述べられた。

なお、同年4月、昭和天皇が戦争責任について苦悩を漏らしていたことが元侍従の日記に記されていたと報道され、話題となった。

84

苦難の道を思う

戦争の痛ましさ、そして戦前、戦後と沖縄の辿ってきた苦難の道に思いを致しましたし、それと共に平和の尊さ、そして大切さというものを強くかみしめました。

平成5年2月　誕生日に際しての記者会見

記者より、沖縄についてどのような考えを持っているかを問われてのお言葉。この年の4月、天皇皇后両陛下が、天皇として初めて沖縄を訪問する予定であり、それを踏まえての質問である。

天皇陛下の沖縄への思いは大変強く、6月23日の沖縄戦終結の日には、天皇ご一家は、毎年黙禱を捧げられているそうだ。

皇太子さまも、幼い頃から陛下より沖縄の歴史と文化について学ばれ、陛下同様、沖縄については強い思い入れを抱き、複数回訪問されている。

なお、皇太子さまの初めての沖縄訪問は昭和62年で、鎮魂のため、「沖縄戦没者墓苑」や「ひめゆりの塔」を訪れられている。

85

20世紀の印象的な出来事

戦争が二度と繰り返されることの無いように、心に刻んでいかないといけないと思っております。

平成13年2月　誕生日に際しての記者会見

20世紀で印象に残る出来事を問われ、皇太子さまは第一次世界大戦と、第二次世界大戦の二つの戦争をまず最初に挙げられた。

戦後生まれの皇太子さまは、当然ながら、戦争を実際に体験されたわけではない。それでも、「戦争の悲惨さや平和の尊さについては、両親である天皇皇后両陛下から、折に触れて伺っており」、かつご自身も積極的に学ばれたことで、強い「平和への思い」を抱かれたようである。

民族紛争、地域紛争は今も存在し、核兵器の脅威も存在している。こんな時代であるからこそ、平和を祈る存在である天皇陛下、そして皇室の存在が大切なのだろう。

記憶は父から娘へ

両陛下からは、愛子も先の大戦について直接お話を聞かせていただいておりますし、私も両陛下から伺ったことや自分自身が知っていることについて愛子に話をしております。

平成27年2月　誕生日に際しての記者会見

昭和天皇から天皇陛下、そして皇太子殿下へと教え継がれた平和への思いを、今度は殿下から愛子さまへと伝え、未来へと語り継いでいくのだという。これこそ、皇室の平和への思いそのものであり、本質である。

殿下はさらに、「戦争を体験した世代から戦争を知らない世代に、悲惨な体験や日本が辿った歴史が正しく伝えられていくことが大切であると考えています」と、その決意を力強く語っておられる。

悲惨な戦争を終結へと導かれた昭和天皇。鎮魂のため、日本各地、世界各地を訪問された今上天皇。さらには皇太子殿下へと、平和への思いは教え伝えられていく。

87

平和の尊さ

戦争やその後の厳しい抑留生活などを直に体験された方々やそのご家族のお話を伺い、戦争の悲惨さと平和の尊さに改めて思いを深く致しました。

平成27年12月　誕生日に際してのご感想

昭和38年12月9日生まれの雅子さまは、当然ながら戦後生まれであり、戦争を経験していない世代である。

戦後70年となる平成27年は、先の大戦に関する様々な催しが行われ、雅子さまもそれらのいくつかを訪れている。このお言葉は、戦争を体験した世代の人と交流をされ、あらためて戦争について考え、平和の尊さを再認識されてのもの。

また、愛子さまも「一緒に訪れた施設の展示や戦争の体験談を実際に見聞き」し、さらに夏休みの宿題などで、「戦争の歴史や、戦後の荒廃の中から日本がどのように復興を遂げてきたか」について、関心を持って学ばれたという。

第五章
互いを思いやる気持ち

88

米国の少年へ

皆さんによろしく。仲良くしましょう。

昭和20年12月　誕生日を前に

終戦の年である昭和20年。天皇陛下が12歳の誕生日を迎える前、ＡＰ通信の特派員モーリー・ランツバーグは、皇太子時代の陛下に、書面での質問取材を行った。

質問内容は「米国の少年へのメッセージはありませんか」というもの。お言葉はこの質問に対する返答。

短い言葉ではあるが、とてもオープンで、大変実直な返答である。

もう一つの「クリスマスプレゼントに、サンタクロースに何を頼みますか」という質問に対しては、「コーチンの雌鳥」と答えられている。これは、当時陛下が飼っていたレグホンが、卵をあまり産まず、頭を痛めていたからだという。

89

民間交流の大切さ

日本人が外国へ行けば、一人一人が広い意味で外交をしていることになる。

昭和50年12月　誕生日に際しての記者会見

戦争終結30周年にあたるこの年、フォード大統領の招きを受けた昭和天皇は、天皇としては初めて米国を公式訪問し、訪問先各地で大歓迎を受けられた。

天皇の訪米で米国の世論は日本に対する好感度を大きく高め、その成果に外務省内では、「天皇陛下の外国訪問は、大使百人分の働きに匹敵する」との声が上がったという。

このお言葉は、昭和天皇の訪米成功を受けてのもので、「皇室外交について」との質問へのご回答の中の一節である。

陛下は、昭和天皇の訪米成功を冷静に評価しつつも、国家間の外交とは異なる、民間交流の重要性を重視し、このように述べられた。

90

国際親善の意義

現在の世界は、あらゆる国々が国際社会の一員という立場に立たなければ、人類の幸福は得られないという状況になっていると思います。

平成元年8月　天皇陛下ご即位に際しての記者会見

天皇陛下ご即位に際しての記者会見での、記者から国際親善の意義等について の質問を受けてのご回答。

続けて陛下は「したがって、国と国との親善関係の増進は極めて重要なことです。それには、人と人との交流が果たす役割も大きなものがあると思います」と、国際交流についてのお考えを述べられた。

なお、陛下は即位後現在まで、28カ国、皇太子時代から通算すると51カ国を公式訪問し、非公式のお立ち寄り国を加えると、58カ国を訪問されている。陛下はそれぞれの国で多くの人々と親しく交流し、ここでのお言葉通り、日本と各国との親善に大きな役割を果たされている。

91

訪問先の印象

それぞれの国民は、歴史の中で育まれた文化を大切にすると共に、未来に向かって豊かな社会を目ざして努めている人々と思います。親しみのある印象を持っています。

平成3年9月20日　タイ、マレーシア、インドネシアご訪問に際しての記者会見

皇太子時代の天皇陛下は、昭和37年にインドネシア、39年にタイ、45年にマレーシアを、それぞれ昭和天皇のご名代として訪問されている。即位後初めての外国ご訪問ではこの3カ国が選ばれ、天皇皇后両陛下はお揃いで各国再訪を果たされた。

このお言葉は、出発前の記者会見で、3カ国の人々に対してもっとも伝えたいことを質問されてのご回答。

陛下は重ねて、「世界の平和を念願し、東南アジアの国々と相携えて、国際社会に貢献するよう努めている姿が理解され、お互いの信頼関係が深まればうれしいことと思っています」と、平和と友好への思いを語られた。

国同士の親しさ

国際親善は、いろいろな立場の人々がそれぞれの立場で友好を深めていって、次第に国同士の親しさが醸し出されて来るというものではないかと考えています。

平成元年8月 天皇陛下ご即位に際しての記者会見

天皇陛下が即位されて半年ほどが経過し、世の中全体がようやく平成という元号にも慣れてきた頃、ご即位に際しての記者会見が行われた。

このお言葉は、国際親善について問われた際のもの。

美智子さまは、「私も、私の必要とされる分野で、努めていきたいと思います」と国際交流について前向きなお言葉を述べられつつも、外国人記者からの、外国製品をもっと使用したらどうかとの提案には、

「『日本らしさ』ということも、『国際化』ということも、物と心の両面にかかわることですので、この問題はもう少し全体として捉え、これからも考えていきたいと思います」と、慎重な姿勢を示された。

絆を持続させるには

二つの異なる国が緊密な関係を持続していく中では、多くの試練にも出会わねばならず、この試練に耐えるためには、双方の善意が不可欠なものに思われます。

平成6年6月　米国ご訪問に際しての記者会見

平成6年、両陛下が米国を訪問される際の記者会見で、記者より抱負などを質問されてのお言葉。この年の訪米は、天皇陛下が皇太子時代の昭和35年と62年に訪問されて以来、3度目であり、これまで常に温かいもてなしを受けていたこともあり、両陛下ともに、大変リラックスされての訪問となったようだ。

美智子さまはこのお言葉に続けて、「日米間にはこれまでに様々な分野で人々が築いてきた友好の絆があり、訪問の機会にこの絆が改めて認識され、更に強まることを心から願っています」と、日米両国のゆるぎない信頼関係を、より深めたいとのお気持ちを述べられた。

互いの理解を深めるために

少しでも多くの人が、相手の国に友人と呼ぶことのできる大切な人を持つことができたならば、どんなによろしいかと折々に思うことがあります。

平成6年9月　フランス、スペインご訪問に際しての記者会見

文化的・宗教的伝統の異なるフランス、スペインと、どうすれば相互間の理解を深めることができるかとの質問へのお言葉。

美智子さまは続けて、「国と国同士が難しい関係に立たされている時、その状況に耐え、状況の改善に忍耐強く努力する人々が両方の国に存在するような、そうした二国間の関係を築くことが大切ではないかと考えています」と、国家間の関係について、希望を語られている。

また、両国民へのメッセージとして、「両国と日本との関係に、少しでも良いものを加えるものとなるよう願っていることを、お伝えしたく思います」とも語られた。

95

つらい記憶への配慮

戦時中のつらい記憶に苦しむ人々のおられることを決して忘れることなく、また、両国のきずなが今後二度と損なわれることのないよう祈りつつ、訪問の日々を過ごすつもりでおります。

平成12年5月　オランダ、スウェーデンご訪問に際しての記者会見

日本が鎖国をしていた江戸時代から、継続して外交関係を保持し続けてきたオランダ。そのオランダと日本は太平洋戦争で戦い、戦後のオランダ人の対日感情は、良好なものではなかったという。

平成12年にオランダを訪問された両陛下は、王宮正面の戦没者記念碑で供花され、一分もの間微動だにせず黙禱を続け、これを見た多くのオランダ人が、感動したという。

また、訪問先の一つである障害児福祉施設で、両陛下は子どもたちと交流し、少女を抱きしめる美智子さまのお姿は、大きな話題になった。この訪問の影響があったのか、現在のオランダは、親日的な国の一つとなっている。

96

西洋から日本を見つめる

ヨーロッパの各地を旅行して多くの方々と多くの場を通じて接触し、ヨーロッパの歴史、文化に触れ、あわせてヨーロッパという離れたところから日本を見つめてみたいと思っています。

昭和58年6月　英国留学を前に

皇太子さまは、昭和49年、14歳のときにオーストラリア旅行で初めての海外旅行を体験し、51年にベルギー、スペイン、55年にタイ、57年にブラジルと渡航歴を重ね、58年、いよいよ英国留学へと旅立たれた。

英国ではオックスフォード大学マートンカレッジで学び、皇太子さまは楽しく有意義な留学生活を送ることになるのだが、このお言葉は留学直前の記者会見で、留学の意義を問われてのもの。

実際、この留学中に殿下は寮で様々な国の学生たちと生活し、時にはパブでお酒を片手に語らい、また、ヨーロッパ各地を訪問して様々な経験と出会いを重ね、大きく成長されている。

97

留学先での思い出

英国王室ご一家に非常に温かく迎えていただきました。自分でいうのもなんですが、家族の一員に加えてもらったような印象を受けたほどでした。

昭和60年10月　英国留学からの帰国を前に

昭和58年6月20日から昭和60年10月31日にかけて、皇太子さまは英国オックスフォード大学に留学し、テムズ川流域の水運史について研究された。このお言葉は、帰国直前、英国生活について感想を求められてのもの。

殿下にとって、初めての寮生活は新鮮な体験ばかりで、部屋に隙間風が入るので目張りをしたり、洗濯機に洗濯物を入れすぎて水をあふれさせたり、ダンスパーティーに女子学生を誘ったりと、とても刺激的で楽しい思い出をつくられたようだ。

なお、寮の部屋には、ブルック・シールズやジェーン・フォンダのポスターをご自分で買われ、貼っておられたという。

98

妃殿下が培ったもの

今、皇族に皇室に求められていることは、各国との友好親善関係の増進であるように思います。そういった友好親善を深めていくうえで、今まで雅子さんが培ってきた経験というものは確実に活かされるものだと思います。

平成5年2月　誕生日に際しての記者会見

皇太子さまのお誕生日に際しての記者会見であったが、雅子さまとの婚約内定からわずか1カ月後であったため、質問の多くが雅子さまとの婚約に絡めてのものとなった。

このお言葉は、雅子さまとどのような皇室を築いていきたいか、また、元外交官の雅子さまに、国際親善の場での活躍が期待されていることについて問われてのもの。

もともと皇太子さまは諸外国との交流には積極的で、英国をはじめとする各国の王室とも親交があり、国際親善への期待はとても大きなものがあった。雅子さまの海外経験と語学力は、皇太子さまが即位された後、大きな力になるものと期待される。

99

世界の中の日本

国際社会の中で日本が世界の各国と友好を深めて、世界の様々な問題を共に手を携えて考えていくことが必要ではないかと思います。

平成9年2月　誕生日に際しての記者会見

日本という国の姿をどう見ているかとの質問へのご回答で、皇太子さまが世界の中の日本をどう見ているかをうかがい知ることのできる、とても興味深いお言葉である。

皇太子さまは、万博やオリンピックを通じて「世界の中の日本」を認識するようになったという。また、「現在の日本は国民のたゆまぬ努力と、それから、戦後世界から差し伸べられた温かい支援により、国際社会でも注目される存在となってきている」と分析されている。

今後については、「各国と友好を深めて、世界の様々な問題を共に手を携えて考えていく」ことと、「歴史に学びながら明るい未来を築いていく」ことが必要と述べられた。

地域紛争を案ずる

冷戦が終結して以来、新しい秩序が構築されつつあるかに見える一方で、地域の紛争あるいは民族問題などが、世界の様々な所で起こっていると思います。

平成12年2月　誕生日に際しての記者会見

40歳、いわゆる不惑の歳を迎えた皇太子さまは、皇太子になられてから10年を数え、夫婦仲良く充実した日々を過ごされてきた。

1991年にソ連が崩壊したことで、同時に冷戦も消滅した。世界は新しい秩序の中で平和な時代を迎えるものと思われたが、むしろ世界各地で地域紛争、内戦、民族間の対立が頻発し、決して平和とは言い切れない状況が現出しはじめた。

皇太子さまはこれを敏感に感じ取り、このようなお言葉となったのだろう。日本の平和だけではなく、世界全体の平和を常に希求されているのである。

友好関係の背景

(親密な)交流が続いた背景には、両国の間に、人と人の関係を大切にする、相手を思いやりお互いを助け合う、そして、対立ではなく協調を重んじる、といった共通点があるからではないかと思います。

平成29年4月　マレーシアご訪問に際しての記者会見

日本とマレーシアは友好国として大変良好な関係にあるが、太平洋戦争当時は、英国の植民地であったマレー半島を日本軍が一時占領した時期もある。1957年にマレーシアが独立すると両国はすぐに国交を樹立し、以降友好関係を保っている。

天皇皇后両陛下は、皇太子時代からマレーシアを複数回訪問されているが、皇太子さまの訪問は平成29年が初めてであった。

このお言葉は、マレーシアを訪問される直前に、日本とマレーシアとの交流について述べたもの。国と国の交流において、もっとも大切なことが簡潔に述べられている、素晴らしいお言葉である。

102

経験を活かして

各国の人々との相互理解が進んでいくことが大切ではないかと思っております。ですから、もしもそのような面でお役に立つことがあれば、与えていただく機会というものは大切にしていきたいと思っております。

平成9年12月　誕生日に際しての記者会見

雅子さまの、今後の活動について問われてのご回答。

外交官の父親を持ち、ご自身も外交官として働いた経験を持つ雅子さまに、国際親善の場での活躍を期待する声も多くあったが、当時はなかなか機会に恵まれず、米国の「ニューズウィーク」誌に、「伝統の中で能力を発揮できない」といった記事が掲載されたこともあった。

21世紀に入り、インターネットをはじめとする情報革命が進み、社会は大きく変化した。国際情勢も不安定な現在、体調もかなり回復され、2019年には皇后となられる雅子さまに、あらためて国際親善の場での活躍が期待されている。

主要参考文献

薗部英一『新天皇家の自画像』(文春文庫)

工藤美代子『皇后の真実』(幻冬舎)

松崎敏弥『皇太子妃雅子さまのすべて』(日本文芸社)

明成社編『皇太子殿下　皇位継承者としてのご覚悟』(明成社)

山下晋司、小田部雄次、久能靖、別冊宝島編集部『天皇陛下 83 年のあゆみ』

毎日新聞社編『天皇陛下　皇后美智子さま　ご結婚 50 年のあゆみ』(毎日新聞社)

時事通信社編『ご成婚記念写真集　皇太子殿下と雅子妃』(時事通信社)

別冊宝島編集部編『美智子さま　81 年のあゆみ』(宝島社)

宮内庁ホームページ

●本書に掲載しているお言葉のなかには、趣旨を変えることなく抜粋・中略を行っている場合があります。
●お言葉は原則、原文のままとしています。

山下晋司（やました しんじ）

昭和31年、大阪市生まれ。関西大学卒。23年間の宮内庁勤務の後、出版社役員を経て独立。独立後は皇室ジャーナリストとして『皇室手帖』の編集長などを務める。現在はBSテレ東『皇室の窓スペシャル』の監修のほか、各メディアで解説等を行っている。著書に『いま知っておきたい天皇と皇室』(河出書房新社）など。

装丁　ISSHIKI
編集協力　望月昭明（スタジオAK）
写真協力　朝日新聞社
校正　聚珍社
編集　大井隆義（ワニブックス）

天皇家の想い
心に寄り添う珠玉のお言葉

監修　山下晋司
発行日　平成31年3月1日　初版発行

発行者　横内正昭
編集人　内田克弥
発行所　株式会社ワニブックス
〒150-8482
東京都渋谷区恵比寿4-4-9　えびす大黒ビル
電話　03-5449-2711（代表）
03-5449-2716（編集部）
〈ワニブックスHP〉http://www.wani.co.jp/
〈WEBマガジン BOOKOUT〉http://www.wanibookout.com/
印刷所　株式会社美松堂
製本所　ナショナル製本

　ISBN 978-4-8470-9769-0